NOTICE

SUR

PAUL EYMARD

PAR

AIMÉ VINGTRINIER

Bibliothécaire-Adjoint de la ville de Lyon

LYON
GLAIRON-MONDET, LIBRAIRE-EDITEUR
8, PLACE BELLECOUR, 8

1879

NOTICE

SUR

PAUL EYMARD

NOTICE

SUR

PAUL EYMARD

PAR

AIMÉ VINGTRINIER

Bibliothécaire-Adjoint de la ville de Lyon

LYON

GLAIRON-MONDET, LIBRAIRE-EDITEUR

8, PLACE BELLECOUR, 8

1879

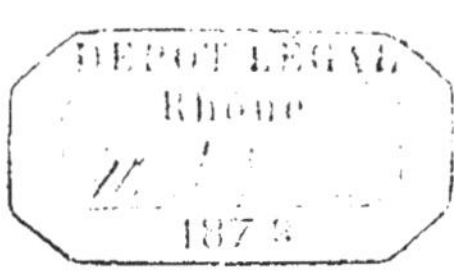

NOTICE

SUR

PAUL EYMARD

Lorsqu'en présence d'une tombe qui vient de se fermer, on se sent les yeux pleins de larmes, l'âme en deuil et le cœur serré, comment peut-on tracer d'une main ferme le portrait de l'ami qu'on a perdu ? Comment reproduire une figure qu'on a toujours connue riante, joyeuse, gauloise, railleuse dans sa bienveillance, fine et bonne dans sa causticité, pleine de feu, de verve et d'entrain, animant toute réunion, et toujours, par une forte empreinte de volonté, de loyauté, de savoir et d'esprit, une des plus apparentes, dans le monde et dans les Sociétés savantes?

La tristesse permet-elle de montrer cet ami tel qu'il fut? La mort n'a-t-elle pas trop solennité et de sérieux pour que le pinceau ait toute sa légèreté, le crayon toute sa finesse ? Et cependant, si on veut faire connaître avec vérité celui dont on jette les traits sur la toile, ne faut-il pas s'inspirer de son esprit, de son originalité, de sa vie? mettre la lumière au front et l'éclair dans les yeux, comme s'il ne reposait pas à jamais dans le tombeau?

Paul Eymard, dont nous voulons esquisser la vie, fut une des figures originales de notre ville. Il était Gaulois de race, de tempérament, et de caractère. La taille au dessus de la moyenne, la figure pleine, le teint coloré, la chevelure abondante, les favoris encadrant le visage, le menton fin, la bouche bien formée, la lèvre un peu forte, le nez un peu gros, les yeux vifs, le front vaste et découvert, il passait, marchant avec l'aisance et la désinvolture d'un homme du monde, correctement mis, jetant à droite et à gauche son regard lumineux, souriant à tous, car il connaissait toute la ville, et recevant partout, sur son passage, les plus cordiales poignées de main, jusqu'à l'instant où, rencontrant un ami plus intime, il s'arrêtait affectueusement, laissait épanouir son bienveillant sourire et, suivant qu'on fût négociant, érudit, artiste, homme politique ou simplement flâneur, entrait dans le cercle de vos idées, échangeait quelques phrases sur ce qui pouvait vous intéresser et montrait bien vite que, sur tous les sujets, il en savait autant que vous.

C'est que Paul Eymard avait, en effet, beaucoup étudié et beaucoup appris. Entraîné par son imagination, servi par une haute intelligence, il avait suivi dans toutes les directions le chemin de la vie, et, comme tant d'autres, avait trouvé des mirages et des déceptions. Il avait demandé le bonheur à la science, et la fortune à l'industrie; à la philosophie moderne, aux systèmes nouvellement créés, la connaissance des grands mystères de l'humanité, puis était revenu tranquillement aux anciennes croyances, au culte de la famille, au travail régulier et quotidien, monotone, mais calme et sûr et des théories politiques les plus avancées, aux formules pratiques, aux vieux usages tels que les siècles les ont suivis jusqu'à ce jour.

Mais de ces voyages à travers les systèmes, de ces excursions dans le domaine de la science ou de l'art, il avait rapporté, avec les connaissances les plus variées, une grande tolérance pour les opinions d'autrui, une extrême bienveillance, une bonté gracieuse qu'une pointe de malice empêchait de dégénérer en fadeur, et un esprit souple et primesautier qui le faisait rechercher de tous ceux qui l'avaient une fois connu.

Sa jeunesse avait été heureuse et douce, son berceau avait été entouré de tendresse et de soins et, dès ses premiers pas, il avait pu s'élancer, sans périls et sans obstacles, à travers les sentiers fleuris de la vie.

Né à Lyon, le 10 août 1802, Paul Eymard avait vu renaitre, dans notre ville, le commerce et l'industrie. Avec le calme et la sécurité, Lyon avait retrouvé son élan commercial et le génie de ses enfants lui avait rendu son opulente prospérité. Le jeune Paul appartenait à une famille renommée de négociants ; son grand-père était marchand-fabricant de soieries ; son père, qui avait suivi la même carrière, reçut, en 1806, de Napoléon Ier, une médaille d'argent appelée de progrès; la voie était toute tracée et, pour le jeune enfant, rien ne fut plus simple que de suivre de si honorables traditions.

Dès qu'il fut en âge d'étudier sérieusement, il fut mis

dans le pensionnat à la mode, d'où sont sortis tant de noms connus et de célébrités. Le lycée était à peine ouvert, les maisons religieuses ne s'organisaient que timidement. Le Pensionnat de l'Enfance, à la Croix-Rousse, joignait, aux avantages d'une instruction solide, l'air pur et vif de la campagne, sans être éloigné des bas quartiers où les négociants de Lyon avaient leurs comptoirs. Il n'était pas de bonne famille qui ne lui confiât ses fils. Paul y connut Jules Favre, le célèbre avocat, et Lacénaire, l'épouvantable assassin. Le jeune Alphonse de Lamartine venait d'en sortir pour se rendre au collége de Belley.

Paul Eymard nous a raconté, avec sa verve et son humour habituelles, dans le numéro de janvier 1878 de la *Revue du Lyonnais*, un épisode de son séjour à l'Enfance. Un professeur ayant conduit ses jeunes élèves, le 15 mars 1815, sur les bords de la Saône, au moment où les Autrichiens s'emparaient de Vaise, Paul put voir, des hauteurs de la tour de la Belle-Allemande, les gendarmes de l'armée française charger les dragons autrichiens, les disperser et les poursuivre, avec énergie, jusque dans les vallons du Mont-Cindre. Paul n'oublia jamais ce modeste chapitre de notre histoire, car, s'il avait vu la bataille, il en avait, pour sa part, rapporté des horions, ayant reçu dans les jambes un vigoureux coup de canne du professeur qui, effrayé de la fusillade, trouvait que son indocile bataillon d'élèves ne se repliait pas avec assez de rapidité à son gré.

Le lendemain, les Autrichiens étaient revenus en nombre et avaient repris toutes les positions. Augereau, écrasé par des forces supérieures, était descendu vers le Midi, abandonnant la ville au vainqueur qui n'abusa pas de sa victoire. Un nouveau gouvernemeut avait été inauguré, un nouveau drapeau arboré. Heureux âge ! Paul Eymard avoue, dans ces pages charmantes intitulées : *Souvenirs d'un gamin de 1815*, que,de ces désastres de la patrie, il n'avait vu qu'un côté : que la musique des Autrichiens était excellente et que la présence des alliés lui avait valu un congé.

En 1817, Paul Eymard quitta le pensionnat de l'Enfance. Il avait fait de bonnes et fortes études et, de toutes les carrières, il se trouvait en état de choisir. Il penchait pour la médecine, art qui a toujours été cultivé à Lyon avec tant d'éclat ; il étudiait avec passion la physique, l'histoire naturelle, la chimie et surtout la botanique dans laquelle il réussissait admirablement. Mais son père avait d'autres vues ; il voulait en faire un négociant, et, son intention étant bien arrêtée, le jeune homme dut céder.

Cependant, avant de le faire monter sur la classique banquette et de le mettre en apprentissage chez un canut, stage obligé des futurs fabricants, il lui fit, suivant les préceptes de l'Emile et d'après les intentions de Jean-Jacques Rousseau, apprendre un état manuel, qui, en occupant ces années de jeunesse trop souvent laissées à l'oisiveté, pourrait au besoin lui donner le pain de chaque jour, sage prévoyance, qu'on ne saurait trop prôner. Paul Eymard apprit donc l'état de menuisier, puis, quand il en sut assez pour gagner sa vie, il se fit tourneur, peintre, et enfin émailleur. Ainsi mis à l'abri de tous les caprices de la fortune, sûr désormais de pouvoir triompher de l'adversité et de la misère, il se fit, en 1827, fabricant d'étoffes de soie, et, puisqu'il était négociant, voulut, non suivre l'ornière commune, mais perfectionner sa profession et l'honorer, en lui donnant toutes les améliorations que ses connaissances si variées lui faisaient deviner.

A cette époque, on voyageait peu. Les moyens de communication étaient coûteux et difficiles; chacun restait chez soi, sans s'inquiéter des perfectionnements du voisin. Paul Eymard, plein d'activité, de courage et de zèle, tout en étudiant avec soin les secrets de la fabrique lyonnaise, la première du monde, crut ne pouvoir se dispenser de connaître le génie commercial et les procédés techniques du métier. Dans ce but, il parcourut la Belgique, la Hollande, la Suisse, l'Angleterre, même l'Ecosse et l'Irlande, que les voyageurs français regardaient comme des pays perdus; et, pour se créer de nouveaux débouchés, se hasarda jusque dans cette Afrique française, nouvellement conquise, où il sut bientôt lier de solides amitiés, en même temps qu'ouvrir de bonnes et actives relations.

Puis, comme si le souci des affaires et les fatigues des voyages ne pouvaient assouvir les facultés de son esprit et l'avidité de son cœur, comme tant de jeunes hommes éminents de cette époque, il étudia les questions sociales si brûlantes qui agitaient alors la société et se lia d'amitié avec Michel Chevalier, Arlès-Dufour, Holstein, Warnier, Guéroult, qui professaient les nouvelles doctrines; puis, sans chercher la femme libre, rêvée par les nouveaux apôtres, n'écoutant que son cœur et sa raison, il épousa tout simplement et sans le consentement du père Enfantin, une jeune fille charmante, Mademoiselle Isabine Germain, dont le père était marchand drapier sur la place de Saint-Nizier, et dont la maison honorable et connue, existe encore aujourd'hui sous le nom de Villaret et Cie.

Lyon, en ce moment, était le théâtre de luttes ardentes et passionnées. Les légitimistes, nombreux et riches, n'avaient pas renoncé à l'espoir de voir, avec l'aide de la duchesse de Berry, le comte de Chambord remonter sur le trône. Les saint-simoniens annonçaient une croyance nouvelle, les phalanstériens répandaient leurs écrits dans les foules. Cabet, Fourier, Proudon promettaient aux pauvres gens une ère de félicité et de bonheur; les républicains de toutes les nuances, depuis les républiquistes, suivant la spirituelle classification d'Alexandre Dumas, jusqu'aux républiqueurs, assaillaient la royauté, et, avec ou sans les socialistes de toute école, sapaient le trône mal assis des Orléans. La société se sentait ébranlée par ces divisions intestines.

La *Gazette de Lyon*, entre les mains des hommes d'autrefois, cherchait à retenir l'équipage que le *Précurseur*, rédigé par des hommes jeunes et ardents, lançait rapidement en avant ; quelques esprits intelligents, conservateurs, mais de leur temps, amis d'un pouvoir ferme mais tempéré par la loi, jugèrent alors opportun de se grouper pour faire triompher la modération de leurs idées, et, pour avoir un organe à leur convenance, créèrent le *Courrier de Lyon*, dont le premier numéro parut le 1er mars 1832.

Paul Eymard fut l'un des fondateurs du nouveau journal et un de ses plus actifs collaborateurs. Les questions commerciales, les tarifs, le protectorat, le libre échange, les nouvelles importantes des pays étrangers révélaient, par la manière dont elles étaient traitées, un homme honnête, libre et compétent. Ses voyages le mettaient à même de tout voir, sa vive intelligence, son expérience, sa facilité de rédaction lui permettaient de bien décrire ce qu'il avait si bien vu.

Outre la Belgique et l'Angleterre, il avait souvent visité l'Algérie, au ciel si éclatant. Frappé des avantages que pouvait offrir notre nouvelle colonie, épris de ce climat si beau, ému d'admiration en présence de ces riches et fertiles vallées que les Romains avaient couvertes d'établissements, il causait souvent de la fortune qu'un colon intelligent pourrait y créer avec du courage, des bras et des capitaux.

Un de ses amis, le général Saint-Arnaud, crut aussitôt conquérir à la colonie un de ces hommes précieux qui font la fortune d'un pays et, pour fixer cet enthousiaste qui raisonnait si bien les arrosages et les assolements, il lui fit connaître, au couchant d'Alger, entre Koléah, Blidah et Cherchel, c'est-à-dire dans la partie la plus riante et la plus riche de l'Algérie, la plus belle propriété que jamais capitaliste eût pu rêver.

Non loin de la mer dont on est séparé par une gracieuse colline, à douze kilomètres au couchant de Koléah, au pied du Tombeau de la Chrétienne, vaste et antique mausolée des anciens rois maures, entre l'Oued Iger, le lac Halloula et le Bou-Roumi dont les fraîches eaux sont inappréciables pour les prairies et le bétail, enfin, position précieuse, à portée des immenses marchés de Boufarik, s'étend, sur une superficie de près de mille hectares, une concession qui pouvait devenir à peu de frais un parc ou un jardin.

Ce domaine, qui fait partie de la province occupée par la tribu célèbre des Hadjouts, se trouve à l'extrémité nord-ouest de cette plaine de la Métidja qui n'a de rivales que dans la Limagne ou le Grésivaudan. Les bâtiments, adossés à la colline, regardent le midi et sont entourés de cette magnifique forêt des Karesas, dont la principale essence est l'olivier et qui offre des futaies âgées de trois ou quatre cents ans et des géants de quatre mètres de circonférence.

Autour de la ferme, des sources d'eau vive attirent les

troupeaux de plusieurs kilomètres de distance, les cours d'eau des environs n'ayant ni la fraîcheur, ni la limpidité que celles-ci possèdent.

Tel était cette belle propriété de Kandouri, opulent domaine, où étaient réunies toutes les chances de succès, et que le général Saint-Arnaud fit acheter à M. Paul Eymard dans d'excellentes conditions.

Nul doute que si notre compatriote eût courageusement abandonné l'Europe pour se faire colon et se fixer à Kandouri avec sa jeune famille, il n'eût réussi au-delà de toute espérance. Mais quelque belle que fût la spéculation, quelque séduction qu'exerçât sur lui l'Algérie qu'il aimait à parcourir dans tous les sens, à étudier sous tous ses aspects et qu'il a depuis, à nouveau, si souvent visitée, son cœur, sa femme, sa jeune famille le rappelèrent invinciblement en France et, devinant les hautes capacité du docteur Warnier, il lui confia sa fortune ou du moins l'administration de son domaine qui, pendant quinze années, prospéra sous sa gestion.

Nous pouvons, dès à présent, ajouter, puisque nous n'y reviendrons pas, que le docteur Warnier, si digne de la confiance qu'on lui témoignait, fut, plus tard, gouverneur de l'Algérie et député de ce beau pays. Quant à Kandouri, en 1862, il fut vendu à M. Arlès-Dufour fils, qui le possède encore aujourd'hui et le regarde, avec ses immenses prairies couvertes de bétail et ses belles forêts, comme la plus précieuse de ses vastes propriétés.

Avec ou sans ce magnifique domaine, l'Algérie attira toujours notre compatriote. Il avait étudié, il connaissait, il aimait ce pays du soleil, aux mœurs si tranchées, aux coutumes si éloignées des nôtres, à la flore si différente de celle de nos pays. L'amabilité de son caractère, sa vaste instruction et sa position de fortune lui avaient ouvert tous les salons algériens, et il s'y était lié d'amitié avec plusieurs de nos illustres soldats: Saint-Arnaud, Pélissier, Canrobert, Trochu, qu'il visitait jusque dans leurs campements ou pendant leurs marches à travers la colonie, le plus souvent faisant la route à pied, en touriste, herborisant, observant, écrivant et se reposant sous la tente à côté du sac d'échantillons, qu'il portait gaiement sur ses épaules, quand il ne trouvait pas un mulet pour l'en charger.

Il visita ainsi une quinzaine de fois toutes nos contrées africaines et poussa même jusqu'à Lagouath, dans le désert. Une de ses plus agréables brochures rappelle, qu'avec un guide et un mulet, il parcourut la Kabylie, à la recherche de l'*iris filiformis* qui manquait à la collection du docteur Hénon et qu'il fut assez heureux pour lui en rapporter un magnifique spécimen, qui fut reçu avec un enthousiasme d'enfant, c'est à dire de savant.

Ce perpétuel mouvement d'affaires et d'idées n'empêchait pas le commerce de Paul Eymard de prospérer. En 1838, il rapporta d'Angleterre, dans sa poche, le *battant-brocheur* et cette nouvelle invention fut une amélioration sensible dont la fabrique entière profita; en 1839, 1844 et 1855, il reçut du gouvernement diverses médailles pour les beaux produits de sa maison qu'il avait mise sur un pied hors ligne et posée au rang des plus célèbres ; mais une récompense qui chatouilla peut-être plus vivement son cœur, ce fut celle qu'il reçut, en 1848, dans des conditions tellement exceptionnelles qu'il en obtint toute sa vie une haute notoriété.

On était au mois d'avril, époque où nos rivières courroucées sont peu maniables même pour les meilleurs mariniers. Le Rhône descendait rapide et terreux, chargé des neiges fondues des Alpes et du Jura, des sables de l'Arve et de la rivière d'Ain et des débris d'arbres et de buissons ramassés sur ses rives. Paul Eymard, correctement vêtu, venait de faire une visite de noces, en habit noir, en cravate blanche, en gilet clair et soigneusement ganté de jolis gants paille, artistement boutonnés. Tout en rentrant chez lui, il se rapprochait du fleuve et jetait un regard curieux sur les flots grondants, quand un cri désespéré s'éleva dans les airs.

La foule se précipite. C'est un enfant qui vient de tomber dans l'eau et que le courant entraine. Il est perdu ! la foule gémit et se désole ; mais des groupes un homme s'élance, tout habillé, dans le fleuve et reparait, au bout d'un instant, ramenant l'enfant miraculeusement sauvé.

L'enfant vivait ! Paul Eymard fut porté en triomphe. Il n'avait pas eu le temps de quitter ses gants.

Le gouvernement lui décerna une médaille de sauvetage et la vaillante compagnie des Sauveteurs du Rhône, après l'avoir acclamé membre de la Compagnie, le nomma bientôt son président. Il était fier de ce titre que si peu d'hommes du monde obtiennent ; il s'en parait avec orgueil et ce fut avec un attendrissement général qu'on lut, à son décès, sur les tristes lettres de faire part qui annonçaient sa fin si prompte et si prématurée, ces simples mots : « *Paul Eymard, ancien agent général de la Compagnie la France, Président honoraire de la Société des Sauveteurs du Rhône*. Quant à toutes les Sociétés savantes auxquelles il appartenait, il n'en était pas fait mention.

Mais la Fortune n'est pas toujours assise à la même porte. Les succès ne sont pas toujours constants et l'habileté la plus éprouvée, la vigilance la plus active, ne garantissent pas le négociant de l'orage et de l'adversité. L'industrie lyonnaise, si brillante et si prospère, est soumise à toutes les vicissitudes, à tous les dangers qui peuvent venir de la Turquie, de l'Egypte, de l'Italie ou des Etats-Unis. Qu'un nuage s'élève sur la prospérité de ces Etats et les maisons lyonnaises les plus solides sont ébranlées. Paul Eymard l'apprit à ses dépens. Une crise survint dans les façonnés et notre habile négociant fut obligé de liquider sa fortune et de quitter, en 1859, une profession dans laquelle son goût artistique avait fait éclore de si élégants produits.

Débarrassé de la conduite d'un grand commerce, il se tourna vers ses occupations intellectuelles si séduisantes et s'y fit bientôt une place honorable.

De 1859 à 1878, il étudia particulièrement les maladies des vers à soie, adopta le système Pasteur qu'il connaissait à fond, surveilla et suivit avec soin diverses éducations particulières dont il notait toutes les péripéties et fit, de concert avec M. Mathevon, si compétent et si connu, les expériences les plus décisives et les plus complètes sur l'élevage du ver, sur les magnaneries, sur le microscope et sur le traitement de l'insecte précieux à qui Lyon doit sa fortune.

Mais ces soins ne suffisaient pas à son activité. Il était d'ailleurs trop connu pour qu'on ne saisît pas avec empressement l'occasion de profiter de son expérience et d'utiliser son intelligence. A peine avait-il quitté l'industrie, qu'il fut nommé agent général de la Compagnie d'assurances *La France*, une de nos Compagnies les plus anciennes et les plus puissantes.

Paul Eymard, tout en imprimant une impulsion énergique aux affaires de cette Compagnie, put s'occuper de l'organisation des concours régionaux, assister à tous les congrès scientifiques à Clermont-Ferrand, au Hâvre, ailleurs encore et publia les comptes-rendus de la Commission des soies, de la Société d'Agriculture et de nombreux rapports qui forment de volumineuses collections.

En 1859, il fut reçu membre de la Société linnéenne dont les travaux sont si connus; en 1860, de la Société d'Agriculture à laquelle il rendit de si nombreux services; il était membre fondateur de la Société des Amis des Arts, de celle des Sciences industrielles, de Géographie, d'Enseignement professionnel, et enfin, en 1877, de la Société littéraire, historique et archéologique de Lyon, Société renommée par ses travaux hors ligne et qui lui ouvrit ses rangs à l'unanimité.

Ces réunions indiquent ce que fut son intelligence, la Compagnie des sauveteurs ce que fut son courage ; un mot de sa générosité :

Sa main était ouverte pour toutes les infortunes ; aux demandeurs, il ne répondait jamais qu'il avait assez donné; il prétendait que tout homme *doit* la dîme aux indigents; aussi était-il un membre zélé de presque toutes les œuvres de bienfaisance qui ont fait de Lyon la ville par excellence de la charité.

En 1863, il fit paraître, sous le voile du pseudonyme, un livre charmant, sans prétention, mais plein d'humour, intitulé: *Voilà l'homme, ses qualités et ses défauts, ses vertus et ses vices, appréciés et jugés par une femme*, Isabine de Myra. Paris, Dentu, 1863, in-12, avec cette épigraphe sinon osée, du moins assez gauloise : « Je les connais, j'en ai fait. »

Ce tableau de la société moderne allie la raillerie et l'esprit badin à la philosophie et à la morale et madame Isabine de Myra, Isabine est le nom de madame Paul Eymard, ne s'y montre ni tendre, ni commode pour les viveurs, les fumeurs, les joueurs, les faux amis, les vieux garçons, les parvenus, les fanfarons, les esprits forts si à la mode aujourd'hui, et même pour les maris tels que notre civilisation les a faits en général.

Nous n'osons dire que l'auteur fût déjà, dans ce premier ouvrage, en parfaite possession de sa plume et de son sujet ; mais tel qu'il est, son livre moral, gai, léger, est bon à lire. Il donne des esquisses plutôt que des tableaux, des silhouettes plutôt que des peintures; il ne fera oublier ni Alphonse Karr, ni Michelet ; cependant, nous croyons qu'on peut instruire, plaire et intéresser à côté de ces illustres écrivains et c'est à quoi l'auteur a parfaitement réussi.

Qu'on en juge par ces courtes citations :

« Nous ne saurions trop connaître nos maîtres, dit Mme Isabine de Myra, dans son avant-propos, ne fût-ce que pour les servir mieux et avec plus de discernement. »

Méfiez-vous; Mme Isabine de Myra fait patte de velours, mais elle égratigne fort bien. Ceux qu'elle appelle ses maîtres, seraient très-honorés d'être ses esclaves; elle y compte et voyez comme elle badine avec eux :

« Si la nature nous a refusé la force, elle nous a, par compensation, donné la finesse, le tact, choses dont beaucoup d'hommes sont dépourvus... »

« La force du taureau ne renverse pas toujours les obstacles, tandis que la finesse du renard les surmonte presque constamment... »

« La vanité, chez l'homme, est un défaut bien moins farouche et bien plus maniable que l'orgueil ; il tient un peu de l'enfantillage; car entre l'enfant fier d'un vêtement et l'homme dont l'élégance est un souci, la différence n'est pas appréciable ; aussi l'orgueilleux est-il rarement bon, tandis que le vaniteux l'est presque toujours. » p. 15.

« Les hommes font l'amour pour eux seuls et nous

faisons l'amour pour deux. C'est la différence entre l'égoïsme et le dévouement, entre être un ou être deux. » p. 41.

N'y a-t-il pas une délicatesse féminine dans ces lignes? Et maintenant, écoutez cette sanglante satire contre ce poison qui tue la société de nos salons. Ici le ton devient viril :

« Le tabac paralyse le cerveau, obscurcit les idées comme tous les narcotiques et éloigne les hommes de la société des femmes.

« Il rend stupides ceux dont la conversation aurait quelques charmes sans cette déplorable habitude.

« Quoi de plus décousu que la conversation, quand ils en ont, de deux fumeurs interrompus, à chaque bouffée, par la nécessité de lutter contre l'inconvénient d'un cigare qui s'éteint ou brûle mal. Leur entretien ressemble à une série de quiproquo inintelligibles pour celui qui n'aurait pas l'habitude de les entendre.

« ALFRED : Avez-vous vu hier, madame... hp, hp, hp, hp, hp, — (je n'ai pas trouvé d'autre onomatopée pour imiter le bruit de l'aspiration d'un fumeur,) — de Chamblond à l'Op.. hp, hp, hp, hp, Opéra?

« GUSTAVE : Oui, elle était avec sa charmante... hp, hp, hp, oh! oui, ils sont mauvais, charmante fille.

« ALFRED : Qui est à placer, et que sa mère produit partout depuis peu pour trouver un, hp, hp, hp, hp, un ... hp, hp, hp, un mari, ils ne veulent pas brûler.

« GUSTAVE : Les cigares ou les maris?

« ALFRED : Ni l'un ni l'autre; les bons sont rares hp, hp, hp, à trouver.

« GUSTAVE : Les maris, oui, et les cigares donc, hp, hp, hp, aussi en ai-je fait venir de la hp, hp, hp, Havane qui... hp, hp, hp.

« ALFRED : J'ai un ami à qui l'affaire irait très-bien.

« GUSTAVE : Oh ! ils ne sont pas chers, surtout en en faisant venir une certaine quantité.

« ALFRED : Je ne parle pas de cigares; je dis, hp, hp, que l'affaire de mademoiselle de Chamblond irait très-bien à un de mes amis... Il a brûlé son dernier hp, hp, hp.

« GUSTAVE : Son dernier cigare hp, hp, pauvre garçon !

« ALFRED : Non, son dernier hp, hp, oncle. Il faut bien qu'il se décide. »

Nous abrégeons cette exécution à coups de fouet. Il nous semble qu'elle ne manque ni de justesse ni d'énergie.

Pour faire connaître Paul Eymard comme écrivain, philosophe, penseur, érudit, nous aurions dû, sans doute, citer d'autres passages ; mais son livre est, à Lyon, entre toutes les mains et chacun peut choisir soi-même.

On dit que Mme Paul Eymard ne fut pas étrangère à la conduite de cet ouvrage et que plus d'un passage est dû à sa plume élégante et fine.

C'est un bruit. Nous n'y contredisons pas, mais l'œuvre est si bien une, les couleurs en sont si bien fondues qu'il ne nous a pas été donné de deviner ce qui était à l'un ou à l'autre des deux collaborateurs.

La même année, parut une brochure : *Utilité de l'enseignement du dessin industriel aux femmes*, Lyon, 1863, in-8. Le but de l'auteur était d'indiquer quel grand nombre d'industries les femmes pourraient exercer si elles connaissaient un peu de dessin linéaire. Le sort des femmes pauvres dans les cités est si cruel, la difficulté qu'elles éprouvent à gagner leur vie est si grande que tout homme de bien comprendra la sollicitude de M. Paul Eymard et son désir de tendre la main à cette si intéressante fraction de l'humanité.

C'est aussi en 1863 qu'il publia son : *Historique du*

métier Jacquard, in-8, travail qu'il avait lu à la Société d'agriculture et qu'il fit vendre au profit de la crise des ouvriers cotonniers du Rhône.

Dans cette œuvre nouvelle, Paul Eymard eut en vue de défendre le mécanicien lyonnais contre les écrivains modernes qui s'attachent à lui disputer l'honneur de son invention. Jacquard, en effet, se trouve aujourd'hui en butte aux attaques les plus violentes ; on attribue à Vaucanson la création de son métier à tisser, on lui refuse à lui-même non seulement la qualité de mécanicien, mais même celle d'ouvrier. Négociant et profondément expert dans la question, Paul Eymard repousse ces prétentions anti-nationales et maintient le bien jugé de la postérité.

Ce fut encore sous le patronage de la Société d'agriculture que notre auteur fit paraître sa : *Chasse aux petits oiseaux*, Lyon, 1867, in-8 ; charmante étude, légèrement paradoxale, dans laquelle il fait le procès à tout le petit monde ailé, créé, assure-t-il, uniquement pour être mangé !

Mais comme il faisait la distinction entre les oiseaux de passage et les oiseaux sédentaires, sa brochure fut complétée par un rapport de l'éminent ornithologiste M. Mulsant qui demande une surveillance plus grande de l'autorité sur les nids de ces derniers, tout en sollicitant l'autorisation de rétablir la chasse au filet pour les premiers qui ne sont *d'aucune utilité pour les agriculteurs*.

Nous avouons ne pas comprendre comment les hirondelles et tous les autres oiseaux destructeurs d'insectes sont inutiles à nos champs et à nos vergers; mais les savants là-dessus en savent plus long que les chasseurs.

Il ne nous appartient pas d'intervenir ici dans cette grave questionde la destruction des petits oiseaux; « il y

« de grandes raisons contre et de grands exemples pour; » qu'il nous suffise de dire que c'est avec une grâce et une légèreté du meilleur monde que notre auteur soutient sa thèse délicate et qu'il la développe avec les idées, le style et tout le charme qu'y eût apportés Brillat-Savarin.

La plume de Paul Eymard ne se lassait pas et de l'agriculture elle passait volontiers à l'industrie. Ce fut cette fois sous le patronage et le couvert de la Société des sciences industrielles qu'il publia: *De l'influence du façonné sur la fabrication de Lyon.* Lyon, 1867, in-8.

Ce travail est presque l'histoire de notre fabrique; mais en nous indiquant la source du mal, le spirituel auteur était impuissant à la tarir.

En 1869, parut une magnifique brochure, chef-d'œuvre des presses lyonnaises: *Notice sur Duclaux.* Lyon, in-8, avec portrait.

C'est un juste tribut d'éloges à un peintre de mérite, à un excellent graveur, à un ami. Paul Eymard décrit, en y mettant son cœur, la vie douce et tranquille du Paul Potter lyonnais. Sa brochure est terminée par une liste des œuvres gravées de Duclaux.

Le suffrage universel de l'avenir, que Paul Eymard publia en 1875, est une question bien plus grave et bien plus interdite à notre appréciation que celle des malheureux petits oiseaux. Libéral à l'extrême dans sa jeunesse, Paul Eymard avait pris peur et n'avait vu le salut de la France que dans un léger enrayement du char qui l'emporte; il ne voulait pas qu'on supprimât le suffrage universel, objet du culte fervent de la majorité actuelle, il n'en demandait que la règlementation. Nous passerons rapidement sur cette question brûlante sans nous y arrêter.

La Revue du Lyonnais, organe, depuis plus de quarante

ans, de tous ceux qui, à Lyon, s'occupent d'histoire et d'archéologie, ne pouvait laisser Paul Eymard en dehors du cercle de ses collaborateurs. Elle accueillit avec empressement une étude sur: *La Bible de saint Théodulfe du Puy-en-Velay et les étoffes qu'elle contient* et lui en livra un tirage à part, Lyon, 1877, in-8. Dans ce travail, où l'auteur étudie la texture des antiques et précieuses étoffes qui entourent la Bible et qui sont comptées parmi les plus anciennes de France, l'auteur fait l'historique de l'art de teindre dans l'antiquité et révèle, en quelques pages, l'artiste, le fabricant, l'archéologue et l'écrivain.

C'est l'écrivain, l'homme de style, qu'on peut apprécier dans : *Un Lyonnais à l'île de Lérins*, Lyon, 1877, in-8; dans *Iris*, Lyon, 1877, in-8, récit charmant d'un voyage en Kabylie et dans l'*Estérel*, Lyon, 1877, in-8, trois gracieuses brochures dont la *Revue du Lyonnais* a été charmée d'avoir la primeur. Dans ces études, qui furent lues avec empressement, on retrouve un style léger, gracieux, humouristique, avec des connaissances variées en botanique, en peinture, en archéologie et en histoire. On a dit depuis longtemps et c'est une banalité, qu'à la démarche de l'oiseau on devine qu'il a des ailes. A la conversation la plus simple, à la lettre la plus intime, à la page le plus sans prétention, il n'est pas difficile non plus de deviner l'érudition, le savoir et la bonté.

On l'éprouvait sans hésitation auprès de Paul Eymard.

Il avait cédé la direction de sa Compagnie d'assurance à un de ses fils et, plus libre de son temps, il entassait notes sur notes, études sur études, travaux sur travaux. Le 20 mai 1878, il venait de terminer pour la *Revue du Lyonnais* un morceau important intitulé : *Encore l'Estérel* ; il devait le lire, le 29, à la Société littéraire et les lettres d'avis de la Société annonçaient cette communication qui devait causer tant de plaisir et d'intérêt aux auditeurs, quand le bruit se répandit à Lyon que M. Paul Eymard avait été frappé, le vendredi 24, d'une fluxion de poitrine, dans le jardin de sa maison de campagne à Oullins et qu'il avait expiré, le 26, muni des sacrements de l'Eglise et dans les bras de ses enfants.

Ce fut un deuil pour notre ville.

La nouvelle n'était que trop vraie.

Le mercredi 29, à 9 heures du matin, une foule d'amis dévoués assiégeait, les larmes aux yeux, l'église de Saint-François-de-Sales, à Lyon, où le corps avait été apporté, et après les cérémonies funèbres suivait en longue file le cercueil jusqu'au cimetière de Loyasse où la famille a un tombeau. Tous les rangs de la société étaient confondus dans une douleur commune.

Toutes les Compagnies savantes qui s'honoraient de compter Paul Eymard dans leur sein avaient envoyé des députations à son convoi ; les Sauveteurs du Rhône, comme les infirmes, comme les pauvres, suivaient les parents et ne tarissaient pas sur la perte qu'ils avaient faite.

La Société littéraire a voulu qu'une notice fût écrite sur l'homme éminent qu'elle a perdu. Elle a voulu conserver dans ses archives un souvenir de cette vie où les vertus morales le disputaient en grandeur aux facultés intellectuelles. Elle a voulu avoir sous les yeux un exemple pour se guider dans la vie. Puissent ces lignes émues mais incomplètes atteindre à peu près le but qu'elle se promettait.

Lyon. — Imprimerie générale du Rhône. — P. Goyard.

www.ingramcontent.com/pod-product-compliance
Ingram Content Group UK Ltd.
Pitfield, Milton Keynes, MK11 3LW, UK
UKHW022152260726
13993UKWH00005B/2315

9 782329 339801